OBSERVATIONS

Sur le projet de former une Assemblée nationale sur le modele des Etats-Généraux de 1614.

LES besoins de la Nation & l'opinion publique excitée par ces besoins, demandent une Assemblée de la Nation. Cette Assemblée, désirée avec tant d'ardeur, & attendue avec tant d'impatience, est communément désignée sous le nom d'*Etats-Généraux du Royaume*, expression qui, dans l'esprit de beaucoup de personnes, signifie cette espece d'Assemblée des *trois Etats*, qui a eu lieu à diverses fois depuis l'élévation de la troisieme race de nos Rois.

Mais le vœu public n'est pourtant pas déterminé à la forme précise des anciens Etats-Généraux. Il n'importe point à la

Nation que cette Assemblée soit convoquée & organisée comme celle de 1354 , sous le Roi Jean ; ou comme celle de 1468 , sous Louis XI ; ou comme celle de 1584 , pendant la minorité de Charles VIII ; ou comme celle de Paris, en 1614. Et quand toutes ces Assemblées auroient été convoquées, composées, conduites sur le même plan, ce qui est reconnu faux, ce plan-là même n'est pas l'objet particulier du choix & des desirs de la Nation demandant une Assemblée de la Nation ; ce ne sont pas des Etats-Généraux, c'est une Assemblée vraiment Nationale qu'elle demande, & qu'il faut lui donner.

On commence à convenir aujourd'hui d'un principe ignoré bien long-tems, c'est que ce n'est pas dans l'histoire qu'il faut aller chercher la véritable organisa-tion d'une Assemblée nationale, c'est dans la nature des choses. L'essence d'une As-semblée Nationale est d'être formée de Représentans de la Nation. La Nation ne peut être représentée qu'en se divisant en parties plus ou moins nombreuſes , plus ou moins étendues. Chacune de ces diviſions doit avoir ſes Repréſentans. Il faut que les diviſions ne ſoient pas aſſez nombreuſes pour que chaque partie étant repréſentée , le nombre des Repréſentans ſoit ſi grand que l'Aſſemblée ne puiſſe ſe bien gouverner elle-même , & qu'elles ne ſoient pas non plus en parties aſſez conſidérables pour que le nombre des Repréſentans étant trop petit, ils puiſſent être facilement corrompus ou intimidés , & qu'ils manq nt de la force que le nombre peut leur donner. Le Repréſentant doit être choiſi librement. Il doit être indépendant. Il doit avoir un intérêt véritable à une bonne adminiſtration & à la proſpérité publique , &c. Lorſque ces conditions auront été remplies , & qu'une Aſſemblée de ce genre ſe trouvera formée , de quelque maniere qu'elle ait été convoquée , qui pourra lui conteſter & ſon titre & ſes droits ?

Ceux qui prétendent qu'il faut former

l'Assemblée Nationale qu'on demande sur le modele des Etats-Généraux de 1614, méconnoiffent bien aveuglément la différence des circonftances & celle des fins qu'on fe propofe aujourd'hui, & qu'il eft néceffaire d'atteindre, d'avec celles qu'on a pourfuivies dans les anciens États-Généraux, & notamment dans ceux de 1614.

Qu'ont fait les États de 1614 ? des doléances fur lefquelles on n'a point fait droit ; des cahiers & des demandes qui font reftés fans réponfe. Pour cela il étoit affez indifférent d'avoir plus ou moins de Députés du Tiers. Un feul homme peut fe plaindre très-énergiquement, & même très-pertinemment pour toute une Nation, témoin le payfan des bords du Danube. Mais eft-ce à des plaintes que peut fe borner & que fe bornera en effet la Nation affemblée dans les circonftances où nous fommes ? Ne demande-t-on pas, n'attend-on pas d'elle, le Roi lui-même ne lui donne-t-il pas quelque action, & pour agir fortement, efficacement , eft-il indifférent d'être peu ou beaucoup, puifqu'après tout c'eft être foible ou fort ?

A cette époque encore de 1614, les privileges du Clergé & de la Nobleffe n'étoient pas mis en queftion, du moins publiquement. Leurs effets funeftes ne s'étoient pas fait encore fentir au même degré. Le Peuple moins vexé par les formes de l'impôt, & moins accablé de fon poids, fupportoit avec plus de patience une inégalité qui ne le réduifoit pas à l'état miférable où nous le voyons aujourd'hui. La Nobleffe & le Clergé avoient auffi leurs griefs, mais ils ne fe plaignoient pas du Tiers, & n'étoient pas Parties contraires dans les doléances du Peuple. Aujourd'hui la fituation des affaires, le poids énorme de la dette publique ne laiffent d'autres reffources que la repartition la plus égale du fardeau entre tous les Citoyens & tous les ordres de Citoyens, ou en d'autres termes que l'abolition de tous les privileges qui font obftacle à cette jufte repartition. La queftion, le débat eſt donc entre les Communes, d'une part, & la Nobleſſe & le Clergé de l'autre. Il faut qu'elle ſoit décidée. Comment le Tribunal qui doit la juger pourroit-il être compoſé de deux Juges ayant un intérêt, contre un ſeul ayant un intérêt oppoſé ?

Et quand on diroit ce ne ſont pas les Etats-Généraux eux-mêmes qui jugeront, que c'eſt le Roi, au moins faut-il que les Etats, ainſi réduits à n'être qu'un conſeil, ſoient compoſés d'un nombre de Conſeillers égal dans les deux partis de la Nation qui ont des intérêts contraires.

C'eſt une choſe remarquable que le premier mouvement qui, dans ces derniers tems a pouſſé la Nation à s'occuper de ſes droits & de ſes affaires, lui a été imprimé par le Gouvernement lui-même, qui, au moins depuis près de deux ſiecles, s'étoit excluſivement réſervé le droit de prendre ce ſoin. La formation des Adminiſtrations provinciales a été la premiere conceſſion de l'autorité, la convocation des Notables la ſeconde. L'Aſſemblée Nationale eft un troifieme pas que les deux premiers amenoient naturellement, & qui plus eft néceffairement, mais que le Souverain fait aujourd'hui avec une franchife digne de fa grandeur.

Mais dans une pareille circonftance, lorfque la Nobleffe & le Clergé s'oppofent à ce que les Députés du Tiers foient en nombre égal avec les Députés des deux Ordres dans l'Affemblée Nationale, de quel œil la Nation doit-elle voir cette prétention ?

Quoi, peut-elle dire c'eft lorfque le Roi fe détache de la prérogative dont lui & fes fucceffeurs ont joui, *de fait*, depuis près de deux fiecles , d'adminiftrer le Royaume feul, & par des mandataires & des dépofitaires de fon autorité, c'eft lorfqu'il appelle à cette adminiftration la Nation entiere, que deux Corps, qui ne font après tout qu'une très-petite partie de la Nation, peuvent prétendre férieufement à s'emparer de l'exercice des droits que le Roi nous rend. Louis XVI a dit à la Nation entiere : vos finances font en défordre , l'impôt vous accable, la juftice eft longue & coûteufe ; votre liberté , votre propriété fouffrent de beaucoup de Loix furprifes à mes Prédéceffeurs ou à moi-même ; affemblez-vous pour avifer au moyen de réformer ces abus , je vous remets le foin de rechercher les moyens d'améliorer votre Gouvernement , de rappeller l'Empire François à la grandeur qui lui appartient , & mes fujets à la liberté & au bonheur qu'ils ont droit de me demander ; que ce bien foit votre ouvrage, je vous le confie , & je m'en repofe fur vos lumieres & fur votre propre intérêt.

Ce langage , continueront les défenfeurs des droits du Peuple, exprime les fentimens d'un Monarque jufte & bienfaifant , convoquant l'Affemblée de la Nation ; mais fi nous voulons rendre avec la même vérité ceux des Nobles & du Clergé , refufant d'admettre le Tiers en nombre égal aux Députés réunis des deux

Corps, voici ce qu'ils nous difent : ces droits dont le Souverain fe détache, nous nous en emparons. Il veut bien vous remettre le foin de vos plus chers intérêts, mais c'eft à nous feuls à les difcuter & à les fixer. Vous ne ferez plus adminiftrés par l'autorité immédiate du Roi, qui vous confie, pour ainfi dire, l'exercice de la fienne, mais vous le ferez par nous. Les Miniftres & les Intendans ne vous régiront plus par des ordres fi fouvent arbitraires, mais à leur place nous réglerons votre état & vos droits. Vous vous plaignez de nos privileges, nous y renoncerons peut-être ; mais nous feuls prononcerons s'ils font injuftes & révocables, ou juftes & néceffaires à conferver. Si parmi les contradicteurs des droits du Tiers perfonne ne tient un femblable langage, comment ofe-t-on agir d'après les fentimens qu'il exprime ? Comment furtout ne craint-on pas d'exciter l'infurrection univerfelle d'une Nation dont on bleffe ainfi les intérêts & les droits ?

Entre les argumens qu'on oppofe à l'admiffion des Députés du Tiers en nombre égal avec ceux des deux autres Ordres , celui que j'entends répéter le plus, & qui paroît frapper le plus de perfonnes eft celui-ci.

Il n'importe point au Tiers-Etat , dit-on , d'être en plus ou moins grand nombre aux Etats-Généraux , fi on y opine par Ordres , forme dont il eft impoffible de s'écarter. En opinant ainfi , & fi la Délibération doit être formée à la pluralité des Ordres , le Tiers n'a rien à gagner à être plus nombreux. Son oppofition aux mefures contraires à fes intérêts fera la même dans les deux cas ; fi elle ne fuffit pas pour ramener les deux autres Ordres vers un parti que la raifon & la juftice appuyeroient, elle ne produiroit pas mieux cet effet quand elle feroit dans la bouche de quatre cens votans, que dans celle de cent ou deux cens , puifqu'elle ne feroit également que le vœu d'un Ordre.

Ce n'eft-là qu'un paralogifme fondé

fur beaucoup d'affertions & de fuppofi-
tions fauffes ou gratuites.

On commence par y fuppofer qu'on
ne peut opiner que par Ordres, & fur
quoi fonde-t-on cette prétendue néceffité?
fur d'anciens ufages; mais ces ufages font
conteftés. Il y en a de plus anciens dia-
métralement contraires; & enfin qu'y
a-t-il à faire des anciens ufages, lorfqu'il eft queftion de réparer des maux
qui en font les fuites, & que ces ufages-
là même perpétueroient? La Nation
s'éleve contre l'inégalité de la répartition
& contre les privileges des Nobles & du
Clergé, & on conferveroit une forme
ancienne, qui met dans la main des
Nobles & du Clergé le pouvoir de main-
tenir tous leurs privileges. Ce feroit
vouloir la fin fans vouloir les moyens,
ou plutôt élever à plaifir un obftacle in-
furmontable dans le chemin qui y conduit.

C'eft bien gratuitement & bien fauffe-
ment qu'on avance que l'oppofition du

Tiers aux mesures contraires à ses intérêts sera la même , que cet Ordre soit représenté par plus ou moins de personnes.

D'abord il est plus aisé de séduire , de subjuguer , de persuader , si l'on veut , contre leurs intérêts un petit nombre d'hommes qu'un grand.

Pour ceux qui tendent à ce but , il y a moins de chances à courir , de trouver en leur chemin des hommes instruits & fermes qui les arrêteroient & qui les attaqueroient à leur tour. Il doit se trouver naturellement sur trois ou quatre cens Représentans du Tiers , plus d'*hommes* que sur cent ou deux cents.

Quand on dit que dans les deux cas l'opposition du Tiers sera la même , cette proposition a deux sens : elle peut signifier que le Tiers fera toujours son opposition , ce qu'on peut espérer en effet , au moins dans la grande question de la répartition égale de l'impôt, sur laquelle il est vraiment impossible que les Députés du Tiers abandonnent les intérêts du Peuple , ne fussent-ils que dix.

Mais cette proposition équivoque peut signifier aussi que l'opposition du Tiers aura, dans les deux cas, la même force & en ce sens, le seul qui puisse servir la cause des antagonistes du Tiers—Etat, elle est évidemment fausse.

Il n'est pas vrai que l'opposition de cent Députés puisse avoir jamais la même force que celle de quatre ou cinq cents ; vérité si claire, qu'elle n'a besoin que d'être énoncée, & qu'elle est le motif de la résistance qu'y opposent ceux-là même qui la dissimulent ici. Je le demande : croit-on de bonne-foi que cinq cens Députés du Tiers prêts à retourner dans leurs Provinces, & à y reporter les résolutions de l'Assemblée Nationale, n'y auront pas plus de force pour défendre les droits des Peuples qu'un Membre moindre de beaucoup ? Si l'on suppose qu'une partie des Membres penche vers une résolution contraire aux intérêts du Tiers, croit-on que l'improbation de quatre ou cinq cens personnes présentes ne puisse produire que le même effet que produiroit celle de cent ou deux cens ? Ce feroit démentir l'évidence qui nous montre la force croiffant, finon en raifon précife du nombre, au moins *avec* le nombre, & cette force à défendre fes droits, pourquoi en dépouilleroit-on le Tiers ?

Mais voici d'autres confidérations qui, je penfe, n'ont pas encore été mifes fous les yeux du Public.

Je conçois qu'en opinant par Ordres, & en exigeant pour former la décifion, l'unanimité des Ordres, le Tiers ne courroit aucun danger toutes les fois qu'il ne feroit que fur *la défenfive*, puifque fon refus rendroit fans effet la réunion des deux autres Ordres.

Mais, d'un autre côté, les propofitions les plus juftes en faveur de l'Ordre du Tiers, fe trouveroient arrêtées toutes les fois qu'elles *attaqueroient* les intérêts de la Nobleffe & du Clergé, ou même les intérêts bien ou mal entendus de l'autorité, en faveur de laquelle pencheroient toujours les deux Corps de l'Etat qui tiennent leurs privileges actuels de l'autorité.

Or, j'observe que dans la plupart des questions qui doivent se traiter à l'Assemblée Nationale, le Tiers-Etat ne sera pas sur *la défensive*. On ne pense pas à ôter rien à présent à l'Ordre auquel on a tout ôté. Il faut au contraire que le Tiers-Etat, c'est-à-dire, & on ne sauroit trop le répéter, le gros de la Nation, 22 millions contre un ou deux millions, recouvrent des droits naturels qu'ils ont perdus, qu'ils rétablissent l'égalité dans la répartition de l'impôt, & qu'ils *attaquent* par conséquent les privileges & les privilégiés.

Dans cet état de choses, opiner par Ordre, en donnant le *veto* à chacun, ou ce qui est la même chose, en exigeant l'unanimité, ce seroit mettre absolument la destinée de la Nation dans les mains des Nobles & du Clergé, puisque dans beaucoup de questions de la derniere importance, qui sont déjà mises sur le tapis, l'intérêt des Nobles & du Clergé étant opposé à celui du Tiers, on ne peut s'empêcher de craindre que les Ordres privilégiés se refusent à des réformes justes & à des changemens nécessaires.

Ces inconvéniens sont, comme on voit, attachés à la nature des questions qui doivent s'agiter entre le Tiers-Etat, d'une part, & le Clergé & la Noblesse de l'autre, & à la position respective, à l'état actuel des deux Parties contestantes, puisqu'un système où l'attaquant est nécessairement plus foible par cela même qu'il attaque est absolument contraire aux intérêts du Tiers, qui a beaucoup à demander, à proposer, & qui se trouvera presque toujours attaquant, ou pour prendre une expression plus douce, qui sera presque toujours demandeur.

J'observe au reste que je ne traite pas ici directement des inconvéniens de la forme d'opiner par Ordres. Ces inconvéniens ont été exposés avec beaucoup de force par l'éloquent Jurisconsulte,

Auteur

Auteur de l'Ecrit intitulé : *des Etats-Généraux convoqués par Louis XVI.* Dans la suite de cet Ecrit nouvellement publiée, il prouve fort bien que cette méthode d'opiner, en laissant le *veto* à chaque Ordre, frapperoit de paralysie l'Assemblée Nationale au moment où l'activité la plus libre lui est absolument nécessaire ; & si c'est-là une conséquence inévitable de la séparation des Ordres pour opiner, on voit que cette conséquence nous mene aussi à regarder comme intolérable toute composition de l'Assemblée Nationale ; qui pour n'être pas funeste aux droits du Peuple & de la Nation, auroit besoin de cette séparation des Ordres dans la discussion & dans les opinions ; ce qui renverse encore entiérement l'argument auquel je répons ici. Mais il me suffit d'avoir expliqué comment même en opinant par Ordres, le Tiers-Etat seroit encore dans l'impuissance de recouvrer ses droits, si il n'avoit pas dans l'Assemblée un nombre de Représentans égal à celui des deux autres Ordres réunis.

B

Enfin & pour éloigner en un coup toutes les subtilités qu'on oppose aux droits du Tiers , je dirai que quelque forme d'opiner qu'on prenne, qu'on opine par Ordres ou par têtes , non—seulement les intérêts du Tiers seront en un danger manifeste si ses Députés ne sont pas en nombre égal avec ceux des deux autres Ordres. Mais c'est tout ce que pourra faire le Tiers de conserver ses plus justes droits , même en lui donnant des Repré— sentans en nombre égal à ceux de la No— blesse & du Clergé ; & certes si je prouve cette proposition , j'aurai droit d'en con— clure qu'à plus forte raison en donnant au Tiers moins de Députés qu'aux deux autres Ordres réunis , on met tous ses droits en danger, quelque forme d'opiner qu'on adopte.

Considérons d'abord la prépondérance que donnent à la Noblesse & au Clergé la naissance, les dignités , les richesses , la religion, ces causes affoibliront néces— fairement l'activité du Tiers dans ses de—

mandes les plus juftes , & fa réfiftance dans fes défenfes les plus raifonnables ; effet funefte qui fe fera certainement fentir toutes les fois que l'homme du Tiers aura quelque relation avec le Noble ou l'Eccléfiaftique qui foutiendront une opinion contraire à la fienne, & qu'il fera leur voifin, leur obligé, qu'il afpirera à quelque emploi auquel la protection du Noble pourra le conduire, ou que fon fils fera Prêtre ou voudra le devenir.

Mais il y a plus , & fi l'on connoît le cœur humain & l'état actuel de la Nation, on ne peut fe diffimuler que même fans toutes ces circonftances , & par la feule force de l'éducation, de l'habitude, la richeffe , la naiffance, les dignités, le crédit dans les Nobles, auxquels fe réunit l'empire de la Religion dans les Eccléfiaftiques , péferont naturellement fur les hommes du Tiers , & affoibliront d'autant de leur part la défenfe des droits du Peuple.

On dira fans doute , & il eft vrai qu'il

se trouvera constamment dans le Tiers-
État des hommes éclairés, indépendans,
courageux, éloquens, qui ne se laisseront
pas subjuguer par ces considérations ; mais
ces défenseurs de la cause du Peuple en-
traîneront-ils toujours l'opinion de tous
ses Représentans ? Il ne faut pas s'en flat-
ter : cependant pour qu'ils pussent lutter
avec avantage contre leurs antagonistes,
il faudroit qu'ils fussent assurés non-seule-
ment d'obtenir l'unanimité dans leur Ordre
même, mais encore d'entraîner d'autres
suffrages dans la Noblesse & le Clergé,
puisque le Tiers étant seulement en
nombre égal avec le Clergé & la Noblesse
réunis, dans toutes les questions où les
intérêts sont contraires, la moindre défection de quelqu'un de ses Membres lui
feroit perdre sa cause.

On dira que lorsque l'intérêt du Tiers
sera d'accord avec les principes de la
raison & de la justice, ses défenseurs
détermineront sûrement l'opinion d'un
nombre considérable de Nobles & d'Ec-

cléfiaftiques pour qui ces motifs ont toute leur force, & que ces fuffrages conquis par l'éloquence & la raifon fur l'intérêt, venant à l'appui de la caufe du Tiers, formeront la pluralité, malgré la défection qui peut avoir lieu dans ce Tiers lui-même.

Je réponds que c'eft en effet là la feule efpérance qui puiffe refter au Peuple dans le fyftême des fuffrages pris par tête, avec une repréfentation du Tiers égale à celle des deux autres Ordres réunis; mais cette efpérance doit-elle fuffire à la légiflation? Eft-il jufte de faire dépendre la confervation des droits du Corps de la Nation de la générofité de quelques Nobles & de quelques Eccléfiaftiques dépouillant l'efprit de Corps, fe détachant des intérêts de leur Ordre? Pour organifer une bonne conftitution, il ne faut compter uniquement que fur la raifon des hommes, & non pas fur leurs vertus.

Pour diminuer cette influence des Nobles & du Clergé fur le Tiers, on peut propofer de faire opiner par fcrutin.

Mais cette pratique fait naître & nourrit l'intrigue ; elle avilit l'homme en l'accoutumant à cacher fon opinion ; elle tarit la fource de l'inftruction en faifant ceffer ou en diminuant beaucoup les débats ; elle conduit les Opinans à l'obftination, en les détournant de chercher des raifons qu'ils n'auront pas befoin de produire, & de difcuter celles qu'ils ne feront pas obligés d'écouter. Elle peut fur-tout être funefte à la formation d'une conftitution , lorfque tous les grands intérêts font en jeu , qu'il s'agit de perdre des droits acquis , ou de recouvrer des droits ufurpés , que des Corps entiers font luttans entre eux & contre le Peuple pour des privileges , &c. Dans de pareilles circonftances tout doit être à découvert, il faut tout dire & tout entendre , tout lire & tout voir. Ce n'eft que de cette franchife, dans les débats de l'Affemblée Nationale que peuvent naître des opinions arrêtées , des principes fixes , & rien, j'ofe le dire, ne feroit plus malféant à une Nation occupée de fi grands intérêts que la pufillanimité honteufe du fcrutin.

Avec de fi fortes raifons de craindre l'influence des Nobles & du Clergé fur les réfolutions du Tiers-Etat dans une Affemblée où le Tiers feroit en nombre égal avec les Députés des deux premiers Ordres réunis, & formeroit par confé-quent la moitié du nombre des Repréfen-tans de la Nation, on voit combien eft abfurde le projet de ne donner au Tiers-Etat que le tiers du nombre total des Membres de l'Affemblée Nationale.

Je n'ai jufqu'à préfent parlé que du befoin qu'a le Tiers-Etat d'avoir dans l'Affemblée Nationale toute la force qui lui eft néceffaire pour défendre fes droits; mais j'ai mieux à dire, c'eft que ceux qui fe montrent oppofés à une demande fi jufte, ont eux-mêmes l'intérêt le plus pref-fant à ce que le Tiers ait dans l'Affemblée toute la *force* qu'on peut lui donner, quand elle devroit être employée à combattre

& à détruire des privileges qu'ils ne peuvent plus foutenir, & qui ne font pas à beaucoup près ce qui les intéreffe davantage. Je m'explique.

Quel eft le grand intérêt des Nobles, des Eccléfiaftiques, des Ennoblis, des Enrichis, c'eft que la Nation ne faffe pas banqueroute, que l'ordre public ne foit pas troublé, que la police & la paix foient confervées. Pour cela il faut qu'après l'Affemblée Nationale tenue, le Peuple, & fur-tout celui des Provinces, il faut que 20 millions d'hommes, jufqu'à préfent opprimés & mécontens, foient convaincus qu'on va férieufement s'occuper de leur bonheur, qu'on va réformer les abus, établir l'économie, modérer l'impôt, changer & adoucir les formes odieufes de fa perception, refpecter déformais leurs propriétés, leur liberté, &c. les traiter comme des hommes & comme des Citoyens.

Il importe, dis-je, que cette confiance, ces efpérances entrent dans l'amé des

Peuples, & cela importe sur-tout aux riches, aux grands, aux puissans, qui ont tout à perdre, à laisser encore fermenter le levain du mécontentement, qui aigrit tant d'esprits & qui échauffe tant de têtes.

Mais pour calmer cette agitation dangereuse, le seul moyen qui reste dans les mains de l'Administration, toute bien intentionnée qu'elle est, c'est de renvoyer dans les Provinces les vrais Représentans du Peuple, en plus grand nombre que faire se pourra, contens des mesures du Gouvernement, convaincus de la droiture de ses intentions, remplis d'espérances prochaines d'un meilleur état de choses, & par-là même en état de les faire passer dans le cœur de leurs concitoyens. Eux seuls, il ne faut pas se le dissimuler, peuvent produire ce salutaire effet.

Les Grands, les Nobles, les Evêques, le haut Clergé n'y peuvent rien. Ils sont trop élevés au-deſſus du Peuple, trop loin de lui : le Peuple les connoît-il, les croira-t-il ? Non. Il écoutera, il croira ſes repréſentans, ſes égaux.

Mais ſi ces Miſſionnaires de paix ſont en petit nombre, quel fruit produiront-ils ? aucun. Multipliez-les donc, répandez-les par-tout, que les Citoyens des claſſes moyennes & en grand nombre, après avoir vu de leurs yeux l'Aſſemblée de la Nation de concert avec un Souverain juſte & bienfaiſant, commencer le grand œuvre de ſon bonheur, portent & ré-pandent cette heureuſe nouvelle au Peuple malheureux des Villes, aux Peuples plus malheureux encore des Campagnes, & leur faſſent attendre avec tranquillité les effets prochains de cette grande reſtauration.

C'eſt ainſi, puiſqu'il faut le dire, qu'on pourra ſe promettre d'achever le bien avant que le Peuple pouſſé à bout. . . . .

Il importe donc aux Nobles, au Cler-

gé, à la Nation entiere que les Représentans du Peuple soient forts dans l'Af-
semblée de la Nation.